Si yo...

entonces
no conozco
nada del
amor del
Calvario

Feliz Dia Del Padre (2009)

Recuerdo de:

Sociedad de Damas

Iglesia Getsemani

Si yo...

entonces no conozco nada del amor del Calvario

Amy Carmichael

CENTROS DE LITERATURA CRISTIANA

CENTROS DE LITERATURA CRISTIANA
en los países de habla hispana

Colombia: **Centros de Literatura Cristiana**
Apartado 29720, Bogotá 1, D.C., Colombia
Correo Electrónico: licrist@colomsat.net.co

Chile: **Cruzada de Literatura Cristiana**
Clasificador 701, Santiago, Chile
Correo Electrónico: clcchof@rdc.cl

Ecuador: **Centros de Literatura Cristiana**
Av. América No. 36-191 y Naciones Unidas,
Quito, Ecuador
Correo Electrónico: clcec@uio.satnet.net

España: **Centro de Literatura Cristiana**
Apartado 47122, 28080 Madrid, España
Correo Electrónico: clcspain@libros.org

Miami: **CLC Book Center**
3595-130 West 20th Ave.,
Hialeah, FL 33012, U.S.A.
Correo Electrónico: clcmiami@aol.com

Panamá: **Centro de Literatura Cristiana**
Apartado 3139, Panamá 3, Panamá
Correo Electrónico: clcpma@cableonda.net

Perú: **Cruzada de Literatura Cristiana**
Tarata 273, Distrito de Miraflores, Lima, Perú
Correo Electrónico: clcperu@terra.com.pe

Uruguay: **Centro de Literatura Cristiana**
Casilla de correo 351, 11000 Montevideo, Uruguay
Correo Electrónico: clcuy@adinet.com.uy

Venezuela: **Centro de Literatura Cristiana**
Apartado 563, Barquisimeto 3001-A, Lara, Venezuela
Correo Electrónico: clcv@cantv.net

SI YO... ENTONCES NO CONOZCO NADA DEL AMOR DEL CALVARIO

Publicado originalmente en inglés con el título **IF**, Copyright © 1938
por Amy Carmichael. Esta edición es publicada con permiso especial
de CHRISTIAN LITERATURE CRUSADE, P.O. Box 1449, Fort
Washington, PA 19034, U.S.A.

Todos los textos bíblicos para la edición en español fueron tomados de
la versión Reina Valera 1995.

Traducido al español por Marcela Metlich
Editor responsable Emma Horta de Nieto
Carátula diseñada por Fernando Triviño

ISBN 958-9149-87-1
Printed in Colombia
Impreso en Colombia

Introducción

❧

*A*my Carmichael nació el 16 de
diciembre de 1867, en una casa de
piedra gris en Millisle, un pueblo de la costa
norte de Irlanda. Abajo de la casa de los
Carmichael, cerca de la orilla del mar, hasta la
fecha permanece una hilera de casitas de
campo en piedra antigua, con puertas de poca
altura, paredes anchas y ventanas pequeñas
en paneles. En la calle que está a lo largo de
esas casas se encuentran las bombas de agua
y, colocados entre las piedras, los anillos de
hierro a los cuales amarraban los caballos.
A un visitante actualmente no le resultaría
difícil imaginarse a una niñita envuelta en un
chal de lana, tratando de pasar rápidamente
la calle con su hermanito, mientras lleva
una olla de sopa enviada por su madre para

uno de los pobres jornaleros. Como hija de una amorosa familia, ella estaba aprendiendo a acercase a otros con amor.

El amor que moldeaba el ambiente en el hogar de los Carmichael era fuerte, sin una pizca de sentimentalismo, pues retenía la *convicción* del lado paterno de la familia y el *valor* del lado materno.

Los niños Carmichael, lejos de ser unos consentidos, estaban acostumbrados a un hogar ordenado y a los crudos inviernos de ese frío mar. Amy, la mayor de los siete hijos, temprano aprendió que el amor y la obediencia son inseparables, como Jesús les enseñó a sus discípulos: ...*El que me ama, mi palabra guardará*... (Juan 14:23).

Amy recibió incondicionalmente a Cristo, añorando realizar cualquier cosa que Él le pudiera encargar. Primero fue al Japón, pero como se contagió con una enfermedad llamada "cabeza de Japón", le dijeron que no podría soportar el clima. Después de un corto tiempo en Ceilán, por fin desembarcó en la India en noviembre de 1895. Estudió tamil y luego organizó un grupo de mujeres cristianas indias profundamente dedicadas, denominado "El Ramillete Centelleante". Este grupo viajaba de pueblo en pueblo, en una carreta tirada por bueyes, predicando el Evangelio a las mujeres que no sabían nada de Cristo.

Amy quedó horrorizada cuando se enteró del atroz tráfico clandestino de niños que eran vendidos y entregados para la prostitución en los templos hindúes, lugares de los cuales no existía la posibilidad de escapar. Un día, mientras Amy se estaba tomando su "chota" en el balcón (el té de las primeras horas de la mañana), apareció una niña, según se cree llevada por un ángel. No existía otra explicación. Debido a que la menor relató la espantosa verdad acerca de la esclavitud en los templos, Amy comenzó la organización que llegó a ser conocida como la Confraternidad Dohnavur del Sur de la India. Allí los niños, por medio de la oración y el sacrificio, eran rescatados uno por uno de esa vida de terrible maldad y sufrimiento. La obra continúa hasta el día de hoy con cerca de 150 niños que son cuidados por mujeres solteras de la India.

Amma, la palabra para decir "mamá", como se le llamaba, escribió una gran variedad de poemas, cuyo contenido revela con claridad un corazón valiente.

Amy permaneció en Dohnavur sin pedir una sola licencia hasta que murió el 18 de enero de 1951. Fue sepultada en lo que se llama "El Jardín de Dios". Una pileta para los pájaros, hecha en granito, es la única señal de este sitio.

> *Y este es el amor: que andemos según sus mandamientos. Este es el mandamiento: que andéis en amor, como vosotros habéis oído desde el principio* (2 Juan 6).

Cuando las personas que mejor la conocían eran interrogadas acerca de lo que más los atraía de Amy Carmichael, la respuesta siempre era algo como: "El amor. Amma nos amaba".

Elisabeth Elliot

Autora de la biografía de Amy Carmichael: *A chance to die* [Una oportunidad para morir], publicada en 1987 por Revell.

Si yo... _____

¡Oh! ¡*Si* el amor al recorrerme, amor de Dios,
    me volviera como tu aire transparente,
a través del cual pasan libres los colores,
    sin tropiezos, como si el aire no existiese!

¡Poderes del amor del Dios bueno,
    profundidades del divino corazón,
oh, amor que nunca fallas, irrumpe,
    e inunda tu mundo, diluvio de amor!

Cómo se escribió "Si yo..."

*U*na tarde, un miembro de la Confraternidad me habló de otra compañera más joven que se había apartado del camino de amor. Ese problema no me dejó dormir, pues en esos casos uno siempre se debe preguntar: "Señor, ¿seré yo? ¿La habré dejado abandonada? ¿Qué conozco del amor del Calvario?" Entonces, me llegaron los "si...", frase por frase, como si los hubiera escuchado de viva voz en mi interior.

Tomé un lápiz y los anoté. A la mañana siguiente los compartí con otra persona, y después con unas cuantas más. Con el tiempo se imprimieron algunas copias en nuestra pequeña imprenta manual, sólo para los miembros de la Confraternidad. Ese fue el origen de este libro.

La gente lo comenzó a pedir, pero al principio nos negamos. Sentíamos que era demasiado íntimo como para publicarlo. Sin embargo, al final accedimos ante la posibilidad de que este libro le ayudara a alguien a comprender lo que es la vida de amor y cómo vivirla.

A simple vista, algunos de los "si" parecen estar relacionados con el orgullo, el egoísmo o la cobardía. Pero al cavar más hondo encontramos que la raíz es una insospechada carencia de amor. *Las páginas de la Parte II no tienen que ser leídas una tras otra.* A lo mejor un solo "si" aquí y uno allá le brinden al lector la palabra que necesita. Y si no los lee todos, es posible que la Parte III le resulte de utilidad.

En caso de que un verdadero discípulo de Cristo se inquiete con la frase *"entonces no conozco nada"*, que se repite en cada página, debo decirle que este pensamiento me llegó tal cual, y no le quise restar fuerza. Pero aquí, como en todo lugar, la letra mata.

Recordemos que el apóstol Pablo estimaba como nada la pérdida de todas las cosas, con tal de que él pudiera conocer a Aquel a quien ya conocía. Y si, de repente, el conocimiento fresco de su amor en el Calvario ilumina mi alma, ésta no se detiene a medir lo que antes conocía. Traspasada por esta visión de amor, enternecida y quebrantada, el alma siente que todo lo que alguna vez conoció era nada, menos que nada.

Es claro, creo yo, que un libro como este no es para todos, sino para los que han sido llamados a apacentar a las ovejas. Y para algunos de ellos no tendrá palabras porque ya participan de aquello acerca de lo cual he sido impulsada a escribir.

Amy Carmichael

Parte I

Si yo...
_____

*H*ay ocasiones en las que algo llega a nuestras vidas con una carga de amor tan especial que parece revelarnos al Eterno por un momento o, al menos, algunas de las cosas eternas, de las cuales la más grande es el amor.

Tal vez sea un toquecito íntimo sobre nosotros o nuestros asuntos, suave como el contacto del viento de la madrugada sobre las hojas de un árbol. Nos damos cuenta de ello y, sin embargo, no lo podemos expresar con palabras. Pero sabemos que es nuestro Señor. Entonces, quizá la habitación en la que estamos, con sus muebles, libros y flores, nos parece menos real que su presencia, y nuestro corazón se sumerge en esa dulzura de la cual habla el antiguo himno:

> *El amor de Jesús, ¿qué cosa es?*
> *Sólo sus amados lo pueden saber.*

O nos puede ocurrir que el precioso amor humano a nuestro alrededor nos bañe como el mar en época de estío, y nos brinde un descanso total. ¿Alguna vez nos hemos dejado de sorprender por el amor de los que nos acompañan? Entonces, de pronto nos sucede que reconocemos en ellos a nuestro Señor, por el amor que nos prodigan. ¡Oh, Hijo de Dios que te manifestaste en tus amados, te adoramos!

También se nos concede que podamos ver más allá del cielo azul y que contemplemos el amor de Dios. Quizá no ocurra a menudo, pues parece que aquí en la tierra nos beneficia más poseer una visión velada de las cosas. Pero nos pasa algunas veces, porque nuestro Señor es muy misericordioso. A pesar de todo, ¡qué poco vemos!

Para que seamos capaces de comprender y conocer cuál es la anchura, la longitud, la profundidad y la altura del amor de Cristo, que excede a todo conocimiento.

Estas palabras son demasiado excelsas para nosotros. ¿Qué es lo que comprendemos? ¿Qué es lo que conocemos?

Enredados y abatidos, entramos en la Roca y nos escondemos en el polvo ante la gloria de la Majestad de amor, el amor cuyo símbolo es la cruz. En ese momento surge una pregunta: ¿Qué tanto conozco del amor del Calvario?

Parte II

Si yo...

Si no tengo compasión de mis
consiervos, así como mi Señor
tuvo misericordia de mí,
entonces no conozco nada
del amor del Calvario.

Si menosprecio a quienes estoy
llamado a servir
y hablo de sus debilidades,
en contraste, quizá, con las que
yo considero mis fortalezas;
si adopto una actitud de
superioridad, olvidando las
palabras: *¿quién me hace*
superior? ¿y qué tengo que no
haya recibido?*,
entonces no conozco nada
del amor del Calvario.

* 1 Corintios 4:7

Si puedo criticar fácilmente
    los defectos y pecados de
    cualquier persona;
si puedo hablar con ligereza
    incluso de las faltas de un niño,
entonces no conozco nada
    del amor del Calvario.

Si descubro que, casi sin darme cuenta,
    estoy dando por sentado
    las caídas de los demás:
    "¡Mmm, ellos siempre hacen
    lo mismo!", "¡claro! ¿Qué más
    se puede esperar de ella?",
    "por supuesto, ¿cómo podría
    comportarse, o hablar
    de otra manera?",
entonces no conozco nada
    del amor del Calvario.

Si puedo disfrutar un chiste
   que se hace a expensas de otro;
si puedo, en cualquier forma,
   despreciar a alguien en una
   conversación, o aun en mi
   pensamiento,
entonces no conozco nada
   del amor del Calvario.

Si puedo escribir una carta descortés,
   decir una palabra áspera
   o tener un pensamiento cruel,
      sin sentir dolor ni vergüenza,
entonces no conozco nada
   del amor del Calvario.

Si cuando padezco tribulaciones
me conduelo mucho más de mí
y de mis preocupaciones,
que del afligido Salvador,
entonces no conozco nada
del amor del Calvario.

Si conozco poco su compasión:
vuelto el Señor, miró a Pedro;
si casi no conozco su aliento de
esperanza para el verdaderamente
contrito y humillado:
Él le dijo: Apacienta mis corderos,
entonces no conozco nada
del amor del Calvario.

Si trato contra el mal por una razón
distinta de la que encierran
las palabras: *Con la ley de
fuego a su mano derecha.
Aún amó a su pueblo**;
si puedo reprender a alguien
sin sentir una punzada de dolor,
entonces no conozco nada
del amor del Calvario.

* Deuteronomio 33:2-3

Si al tratar con alguien que no
responde, me canso del
esfuerzo y sacudo mi carga,
entonces no conozco nada
del amor del Calvario.

Si no puedo soportar ser como el
padre del hijo pródigo,
que no suavizó los rigores
de la provincia lejana;
si, en este sentido, no dejo que
la ley de Dios surta efecto,
por la angustia que me causa
ver esa ley en acción: *El camino
de los transgresores es duro*,
entonces no conozco nada
del amor del Calvario.

Si me perturban los reproches y
malentendidos que puedan
surgir de una acción que se
toma por el bien de las almas,
almas por las que debo dar cuenta;
si no puedo dejar el asunto en
las manos de Dios y seguir en
paz y en silencio, recordando
el Getsemaní y la cruz,
entonces no conozco nada
del amor del Calvario.

Si no puedo percibir el sonido del
ruido de la lluvia, mucho
antes de que ésta caiga*;
y si, cuando mi espíritu se encumbra
lo más cerca que pueda de mi Dios,
no tengo fe para esperar allí
con mi rostro entre las rodillas
hasta que por fin vea *una pequeña*
nube que sube del mar
(aunque me digan seis o
sesenta veces: *No hay nada*),
entonces no conozco nada
del amor del Calvario.

* 1 Reyes 18:41-44

Si mi actitud es de temor, y no de fe,
con respecto a alguien que me
ha desilusionado;
si yo digo: "Justo lo que esperaba",
cuando alguien cae,
entonces no conozco nada
del amor del Calvario.

Si no miro con ojos de esperanza
a todos los principiantes,
aunque su comienzo sea débil;
así como lo hizo nuestro Señor,
cuando suavizó su represión a
los discípulos que acababan
de altercar sobre quién de ellos
sería el mayor, y les dijo:
*Vosotros sois los que habéis
permanecido conmigo
en mis pruebas*,
entonces no conozco nada
del amor del Calvario.

Si le echo en cara a alguien un
pecado del cual se arrepintió,
que ya confesó y abandonó,
y permito que el recuerdo
de aquel pecado ocupe mi mente
y alimente mis sospechas,
entonces no conozco nada
del amor del Calvario.

Si no tengo la paciencia de mi
Salvador con las almas que
crecen lentamente;
si casi no conozco lo que es sufrir
los agudos dolores de parto,
hasta que Cristo sea
completamente formado en ellas,
entonces no conozco nada
del amor del Calvario.

Si mi compasión por las debilidades
de alguien es endeble, y lo que
le digo al que comienza a darle
la espalda a la cruz es:
"¡Pobre de ti!";
si le niego a esa persona
la compasión que fortalece
y no le ofrezco una palabra de
compañerismo, alentadora
y reconfortante,
entonces no conozco nada
del amor del Calvario.

Si no puedo guardar silencio cuando
un alma me decepciona,
a menos que sea necesario hablar,
por el bien de ella o el de otros,
entonces no conozco nada
del amor del Calvario.

Si soy capaz de herir a otra persona
por decirle la verdad,
sin tener la suficiente
preparación espiritual,
y sin que me duela mucho más
a mí de lo que pueda dolerle a ella,
entonces no conozco nada
del amor del Calvario.

Si temo decir la verdad por miedo a
perder el cariño de alguien,
o porque podría creer que yo
no entiendo y que estoy
equivocado, o porque puede
estropear mi reputación
de persona amable;
si mi buen nombre está antes que
el máximo bienestar del otro,
entonces no conozco nada
del amor del Calvario.

Si me contento con curar una herida
a la ligera, diciendo: *paz, paz,*
donde no hay paz;
si olvido las conmovedoras palabras:
El amor sea sin fingimiento,
y le quito el filo a la verdad
por hablar con lisonjas,
y no con rectitud,
entonces no conozco nada
del amor del Calvario.

Si tengo miedo de apoyar a alguien
para que siga la meta
más elevada y la alcance,
sólo porque es mucho
más fácil abstenerme,
entonces no conozco nada
del amor del Calvario.

Si me aferro a una opción,
cualquiera que sea,
sólo porque es la que a mí me gusta;
si le doy cabida a mis gustos
y aversiones personales,
entonces no conozco nada
del amor del Calvario.

Si antepongo mi propia felicidad
al bienestar del trabajo que se
me ha encomendado;
si desmayo, aunque tenga este
ministerio y haya recibido
mucha misericordia,
entonces no conozco nada
del amor del Calvario.

Si soy blando conmigo y me deslizo
cómodamente dentro del vicio
de la autocompasión;
si yo, por la gracia de Dios,
no practico la firmeza,
entonces no conozco nada
del amor del Calvario.

Si ejerzo el domino propio por mi cuenta;
si mis pensamientos giran
en torno a mí;
si estoy tan lleno de lo mío que
rara vez tengo "un corazón que
no esté ocupado en sí mismo",
entonces no conozco nada
del amor del Calvario.

Si no cierro la puerta en el instante
en que me doy cuenta
de que la sombra del yo
está cruzando el umbral;
y si no mantengo esa puerta cerrada
mediante el poder de Aquel
que produce en nosotros
así el querer como el hacer,
entonces no conozco nada
del amor del Calvario.

Si no puedo ocupar el segundo lugar,
o el décimo, con gozo sincero;
si no puedo asumir el primer
lugar sin hacer alarde de lo
indigno que soy,
entonces no conozco nada
del amor del Calvario.

Si cuando puedo descubrir algo que
ha desconcertado a otros,
me olvido del que revela lo
profundo y lo escondido,
y conoce lo que está en tinieblas,
y nos lo da a conocer;
si olvido que fue Él quien le
concedió ese rayo de luz
a su más indigno siervo,
entonces no conozco nada
del amor del Calvario.

Si no puedo descansar en el Señor
cuando a algo le falta una
explicación adecuada,
olvidando la palabra que dice:
*Bienaventurado es el que no
halle tropiezo en mí;*
o, si me permito la menor sombra
de desaprobación a Dios,
entonces no conozco nada
del amor del Calvario.

Si no le doy a un amigo "el beneficio
de la duda", sino que concibo
la peor explicación,
y no la mejor, sobre algo que
él dijo o hizo,
entonces no conozco nada
del amor del Calvario.

Si algo que me cae por sorpresa
        puede lograr que yo responda
        con una palabra intolerante
        y sin amor,
    entonces no conozco nada
        del amor del Calvario*.

* Una copa llena de agua dulce no puede
  derramar ni una sola gota de agua
  amarga, aunque la sacudan de repente.

Si me siento ofendido con facilidad;
    si me siento conforme cuando
        persisto en mantener una
        relación fría y distante,
    aunque sea posible entablar
    una amistad,
    entonces no conozco nada
        del amor del Calvario.

Si me siento lesionado cuando me
acusan de cosas de las que no
tengo la menor idea,
olvidando que mi Salvador,
sin pecado, caminó por esta senda
hasta el final,
entonces no conozco nada
del amor del Calvario.

Si me resiento con aquellos que,
según mi parecer,
me censuran injustamente,
olvidando que si me conocieran
tanto como yo, me censurarían
mucho más,
entonces no conozco nada
del amor del Calvario.

Si digo: "Sí, perdono, pero no puedo
olvidar";
como si el Dios que limpia dos veces
al día toda la arena de todas
las playas del mundo,
no pudiera llevarse esos recuerdos
de mi mente,
entonces no conozco nada
del amor del Calvario.

Si necesito mucha ayuda de alguien
a quien le da lo mismo edificar
con madera, heno y hojarasca,
que con oro, plata y piedras
preciosas,
y yo vacilo en obedecer la luz
que tengo y en proseguir
sin su ayuda,
debido a que son pocos
los que me van a entender,
entonces no conozco nada
del amor del Calvario.

Si se me confía el cuidado de
   un alma, o de una comunidad,
y yo consiento en someterla a
   influencias que la debiliten,
   ya que permito que la voz del mundo,
   mi mundo cristiano más cercano,
   me llene los oídos,
entonces no conozco nada
   del amor del Calvario.

Si puedo ayudar mejor a otros,
   realizando un trabajo
   que personas sin discernimiento
   califican como "no espiritual",
   y me les uno,
   rebelándome interiormente,
   pues estoy convencido de que
      mi único anhelo es lo espiritual
      (cuando en realidad me inclino
      por lo que me parece interesante
      y lo que me causa emoción),
entonces no conozco nada
   del amor del Calvario.

Si la monotonía me exaspera y no
puedo soportar una tarea aburrida;
si las personas torpes o lentas
me irritan, y las pequeñas
irregularidades me llevan al
límite;
si le doy mucha importancia a
las minucias de esta vida,
entonces no conozco nada
del amor del Calvario.

Si soy desconsiderado en cuanto
al bienestar de los demás,
sus sentimientos, o incluso
sus pequeñas debilidades;
si no me importan sus heridas leves
y dejo pasar las oportunidades
que tengo de allanarles el camino;
si hago que sea más difícil de
conseguir la armonía en el hogar,
entonces no conozco nada
del amor del Calvario.

Si las interrupciones me fastidian,
y las preocupaciones personales
me impacientan;
si vuelvo sombrías las almas de los
que me rodean, porque yo
mismo estoy en penumbras,
entonces no conozco nada
del amor del Calvario.

Si a mi lado puede haber almas sufriendo
y yo difícilmente lo noto,
porque el espíritu de discernimiento
no está en mí,
entonces no conozco nada
del amor del Calvario.

Si me reservo algo en mi entrega a
Aquel que tuvo tanto amor,
que dio a quien más amaba,
por mí;
si en mi oración existe algún "pero"
secreto, o un "cualquier cosa
menos *eso*, Señor",
entonces no conozco nada
del amor del Calvario.

Si me enredo en cualquier
pasión desordenada;
si hay cosas, lugares o personas
que impiden mi obediencia
al Señor,
entonces no conozco nada
del amor del Calvario.

Si me parece agobiante lo que me
pidieron que hiciera por alguien;
y si no lo hago, cediendo a mi falta
de disposición,
entonces no conozco nada
del amor del Calvario.

Si la alabanza del hombre me
enaltece y sus acusaciones
me deprimen;
si no puedo permanecer tranquilo
sin defenderme, cuando estoy
involucrado en un malentendido;
si amo ser amado, más que amar,
y ser servido, más que servir,
entonces no conozco nada
del amor del Calvario.

Si lo que pido encarecidamente
es que yo sea usado para mostrarle
el camino de libertad a un alma
en esclavitud,
en lugar de que sólo me importe
que sea liberada;
y si fracaso en esa meta,
y me quedo alimentando
mi desilusión, en vez de pedir
que la palabra de liberación
le sea dada a otro,
entonces no conozco nada
del amor del Calvario.

Si quiero que me conozcan como
el que llevó a cabo una obra
que resultó ser la más apropiada,
o como el que sugirió que se hiciera,
entonces no conozco nada
del amor del Calvario.

Si no me olvido de algo tan trivial
como los logros personales,
para que la idea de que yo tenga
éxito nunca cruce por mi mente,
o si lo hace, nunca le dé cabida
ni por un instante;
si la copa de la adulación espiritual
me sabe dulce,
entonces no conozco nada
del amor del Calvario.

Si no me resulta natural y sencillo
decir: *¿Tienes tú celos por mí?*
Ojalá todo el pueblo de Jehová
fuera profeta*,
entonces no conozco nada
del amor del Calvario.

* Números 11:29

Si en el compañerismo del servicio
trato de reservarme a un amigo
sólo para mí, y por esa razón
los demás sienten que están
sobrando;
si mis amistades no les permiten
una mayor cercanía a otras
personas, sino que son
mezquinas, es decir,
"por mí y para mí",
entonces no conozco nada
del amor del Calvario.

Si me niego a permitir que un ser
querido sufra por el nombre
de Cristo;
si no considero ese sufrimiento
como el más grande honor
que se le pueda ofrecer a
cualquier discípulo de Aquel
que fue crucificado,
entonces no conozco nada
del amor del Calvario.

Si ocupo el lugar que sólo Cristo
puede llenar,
y me vuelvo indispensable
en la vida de una persona,
en vez de inducirla a poner
la mirada en Él,
entonces no conozco nada
del amor del Calvario.

Si soy indiferente a la labor de los demás;
si únicamente pienso en función
de mi propio trabajo, tan especial;
si las cargas de los otros no son
mis cargas, y si sus alegrías
no son las mías,
entonces no conozco nada
del amor del Calvario.

Si me retracto de una oración
cuando obtengo una respuesta
que no esperaba,
aunque creía haberla hecho
con todo el corazón;
si la carga que mi Señor me pide que
lleve no es de mi predilección,
y me agito internamente
y no acepto con agrado su voluntad,
entonces no conozco nada
del amor del Calvario.

Si evito ser "arado", con todo lo que
esto implica:
una manipulación brusca,
situaciones desagradables,
aislamiento, pruebas extrañas,
entonces no conozco nada
del amor del Calvario.

Si me pregunto por qué tengo que
vivir una situación molesta,
e insisto en oración
para que Dios la quite;
si no soy de fiar cuando sufro
una decepción, y pierdo la paz
ante cualquier misterio,
entonces no conozco nada
del amor del Calvario.

Si le doy demasiada importancia
a determinada tarea que se me
haya encomendado,
y la exagero secretamente en
mi interior, o con disimulo
ante los demás;
si los dejo pensar que es algo
"muy duro";
si añoro cómo solían ser las cosas
y deambulo por los recovecos
de la memoria, debilitando mi
capacidad para ayudar a otros,
entonces no conozco nada
del amor del Calvario.

Si el deseo de mi corazón no es el
amor que "soporta apaciblemente
todos los altibajos y desestima
todo lo gravoso",
entonces no conozco nada
del amor del Calvario.

Si me niego a ser un grano de trigo
que cae en la tierra y muere,
o sea que "es separado de todo
aquello en lo que vivía antes",
entonces no conozco nada
del amor del Calvario.

Si pido ser librado de la prueba en lugar
de pedir liberación por medio de ella,
para la alabanza y la gloria de Dios;
si olvido que el camino de la cruz
me lleva a la cruz
y no a un jardín florido;
si regulo mi vida, o mi pensamiento,
con base en estas pautas,
incluso sin darme cuenta,
y por eso me sorprende y me
extraña que el camino
sea escabroso,
a pesar de que la Palabra dice:
No os sorprendáis y
Tened por sumo gozo,
entonces no conozco nada
del amor del Calvario.

Si no pueden pedir de mí lo máximo,
mi mayor esfuerzo;
si mis compañeros vacilan en
pedírmelo, y acuden a otros,
entonces no conozco nada
del amor del Calvario.

Si ambiciono algún lugar en la tierra
distinto al suelo polvoriento
en la base de la cruz,
entonces no conozco nada
del amor del Calvario.

Aquello que no conozco,
¡enséñamelo, oh Señor, mi Dios!

Parte III

1

*M*e resulta bochornoso escribir estas palabras. Pero siento la carga de que, no obstante el amor aparezca en tantos himnos y peticiones, es posible que nos hayamos conformado con un amor superficial, si es que a esa falta de profundidad realmente se le puede llamar amor.

Entonces, tal vez necesitamos hacer una pequeña pausa después de orar, lo cual nos dará tiempo para abrir nuestros corazones a los asuntos por los que hemos orado. Con frecuencia corremos de oración en oración, sin esperar la voz que interiormente nos dice: "Te he escuchado, hijo mío".

Ahora bien, cuanto más consideramos las palabras del Señor acerca del amor, y las que los discípulos escribieron inspirados por el

Espíritu Santo, más intensamente sentimos nuestra devastadora carencia de él. El faro del Espíritu nos permite vernos a nosotros mismos, y tal descubrimiento nos deja consternados: ¿Cómo es posible que incluso Él, el Dios de toda paciencia, sea paciente con nosotros? Esta verdad, como a Job, nos lleva a aborrecernos y a arrepentirnos en polvo y ceniza.

Pero esa luz no se enfoca en nosotros para despojarnos de nuestra esperanza, sino para que avancemos. ¡Si sólo deseáramos ser depurados de nuestro yo, con sus lazos que todo lo enredan, sus sutilezas, sus disfraces de engaño y su facilidad para, según el dicho tamil, "mostrar el latón como oro"! Si desde el fondo del corazón aborrecemos nuestra falta de amor y clamamos para ser liberados, entonces nuestro Dios será para nosotros el Dios de las liberaciones.

2

*N*o existe una visión nocturna ni palabras que puedan manifestar con cuánto anhelo el amor de Dios espera hasta que el corazón, hastiado de sí mismo, se vuelva a su Señor y le diga: "Apodérate completamente de mí".

Entonces, no es necesario que roguemos y supliquemos para que el amor de Dios llene nuestros corazones, como si Él no quisiera hacerlo. Él quiere, así como la luz quiere inundar una habitación que se abre a su claridad. Él está dispuesto, así como el agua está dispuesta a correr por un canal vacío. Y como el aire, su amor a nuestro alrededor nos constriñe por todas partes. Deja tu resistencia, e inmediatamente el amor se adueñará de ti.

Así lo expresa el poema del siglo XV, *Quia amore langues*:

Tú amas y anhelas, pero nunca tan alto,
mi amor es más de lo que el tuyo puede ser.

Más, mucho más. Pues, tal como su abundancia de perdón sobrepasa nuestra capacidad para expresarlo, así es su abundancia de amor: Es muy grande, como la distancia entre el oriente y el occidente; tan alto, como lo está el cielo de la tierra. ¡No encuentro palabras porque el amor las excede a todas!

Pero, mirarnos a nosotros mismos conduce a la desesperación. Gracias a Dios, la sangre nos limpia.

Si eres vil, yo te haré limpio,
si estás enfermo, yo te sanaré.
¿Has hallado amor tan fiel?

¡Nunca, Señor! ¡Nunca!

3

*A*lgunas veces nos sentimos
angustiados por las derrotas
y nos atormenta el temor a fracasar, y a que
en el futuro no podamos volver a dirigir
nuestros rostros hacia Jerusalén.

En esas ocasiones nada ayuda tanto como
darle tiempo a alguna porción conocida de las
Escrituras para que penetre en nosotros y se
vuelva parte de nuestro ser. Ese es el caso de
las palabras "gracia sobre gracia", que me han
ayudado mucho desde que descubrí su
significado al leer un viejo librito de Bishop
Moule. Nunca antes las había entendido. El
autor dice que "sobre" simplemente significa
"en lugar de":

La imagen es la de una perpetua sucesión
de provisiones; una sustitución que

siempre está en curso; incesantes cambios
en las necesidades y las demandas.

El cuadro ante nosotros es como el de un
río. Párese en sus bancos y contemple el
flujo del agua. Los minutos pasan.
¿Todavía es el mismo arroyo? Sí. Pero,
¿el agua es la misma? No. La masa líquida
que pasó ante usted hace unos segundos
ahora llena otra sección del cauce: nuevas
aguas la han desplazado, o si lo prefiere,
reemplazado. *Agua en lugar de agua*.
Y así, el proceso se mantiene, hora tras
hora, año tras año y siglo tras siglo.
Un arroyo, otras aguas. Aguas vivas, no
estancadas, ya que siempre en la gran
unidad hay un intercambio perpetuo.
La gracia toma el lugar de la gracia,
[y el amor sustituye al amor]: siempre
nueva, siempre antigua, siempre la misma,
siempre joven y fresca, hora tras hora y
año tras año, mediante Cristo.

4

l amor es la única fuerza que puede mantenernos unidos, e impartir vida a todas nuestras acciones. Por eso sufre un constante ataque, ya que sin él somos como metal que resuena o címbalo que retiñe.

Así se explica por qué, de vez en cuando, los que quieren vivir la vida de amor parecen ser impulsados a buscar el escrutinio y la purificación del Espíritu de Dios. Primero, en lo recóndito de nuestros propios corazones (así nos ha ocurrido muchas veces), y luego, reunidos con nuestros hermanos. ¡Y sabemos con cuánta misericordia Dios nos ha respondido! En consecuencia, aunque nuestra confesión siempre debe ser: *no que lo haya alcanzado ya*, nosotros seguimos avanzando, porque Él lo hace posible.

Existe otra razón por la que el adversario ataca el amor: Muy lejos, en el extremo más apartado de nuestra comunidad, se puede presentar una situación que es el reflejo, por así decirlo, de algo que creció en el corazón de una persona que está en el centro. Yo sé que esto ha sucedido muchas veces. Tal vez nunca se expresó con palabras o con hechos. Nadie lo vio ni lo escuchó. Pero las influencias espirituales se mueven por sitios en los que la vista y el oído están fuera de lugar. Entonces, la falta de amor —o incluso la ausencia de un amor de calidad acerca de la cual hemos venido hablando—, es suficiente para hacer que esa pequeña mancha se extienda hasta alcanzar a un alma en un momento de debilidad, lo cual puede resultar en un daño irreparable.

¡Oh, Señor, gracias por tu perdón! Tuyo es el tener misericordia siempre. Dame una vez más el consuelo de tu ayuda. ¡Que te plazca librarme, oh, Señor, mi Dios!

5

El camino del amor nunca es fácil. Pero, debemos estar preparados para sufrir si nuestros corazones están decididos a caminar por esta senda. "Fue el camino que siguió el Maestro. ¿No debería el siervo también andar por él?"

Es posible que en este momento nos encontremos en medio de una situación que agote nuestro amor natural. Y podemos llegar al punto de sentirnos tan secos como la hierba en los cerros de la India, bajo un sol abrasador.

Quizá estuvimos trabajando duro por un ser querido, aunque nunca lo consideramos un trabajo pesado; sin darnos cuenta vertimos provisiones de salud que nunca se recuperarán. Tampoco nos hubiera

importado saberlo, pues, ¡hemos amado
tanto! Toda nuestra esperanza se centraba
en que esa persona tan querida se convirtiera
en un ministro para otros. Pero no fue así.

Entonces, de mala gana, un día
descubrimos una extraña insensibilidad en la
persona a quien ningún esfuerzo le parecía
suficiente. Y advertimos una frialdad que nos
golpeaba y una dureza que, como con manos
de hierro, hacía a un lado el corazón que por
poco se había roto para librar esa vida de la
destrucción.

Sólo los que han experimentado
semejante privación lo pueden comprender.
En esas circunstancias un temor peor que
cualquier sufrimiento nos atrapa entre sus
garras: ¿Se nos está escabullendo el amor de
tantos años? *Padre, perdónalos, porque no
saben lo que hacen*, ¿se están desvaneciendo
estas palabras en nuestra memoria? *El amor
nunca deja de ser*, ¿se nos está acabando
ahora? ¿Estamos respondiendo a la falta de
amor con falta de amor?

En una hora así, se esculpió un antiguo
poema que expresa una oración desesperada:

¡Un abismo clama a otro abismo,
oh, Señor, dentro de mí!

Reúno fuerzas
  y vengo ante ti, Señor.
Jesús del Calvario,
  herido por mí,
pide lo que quieras,
  pero pon tu amor en mí.

Sí, pide lo que quieras: cualquier esperanza, cualquier motivo de alegría por el cariño humano, cualquier retribución del amor. Pero, que el amor no se aparte. Nada de lo común y corriente le puede hacer frente a este nuevo llamamiento, nada de lo mío alcanza para eso. ¡Oh, Señor del amor y del dolor, abunda en mí en amor! ¡Ama a través de mí, amor de Dios!

6

Nuestro amado Señor escucha la oración hecha de labios sin engaño. Escrito está, para consuelo nuestro, que Él les otorga una heredad a los que le aman. La maravillosa heredad que es la "gracia en lugar de la gracia", el perpetuo regalo de su plenitud. Esta gracia no es solamente una heredad "impersonal". Es Dios obrando en nosotros, el Señor en acción en los mismísimos orígenes de nuestro pensamiento y voluntad. Dios es amor. Entonces, el amor es esa bendita heredad que se les otorga a los hijos del Padre celestial.

Recordemos la palabra del río. El lecho vacío "hereda" el agua que se vierte en él desde las alturas. El río no crea el agua, sólo la recibe. Y sus depósitos se llenan y sus estanques rebosan para bendecir y refrescar la tierra. Así sucede con nosotros: nuestros depósitos de tiempo, nuestros años con todos sus meses, semanas, días, horas y minutos, se llenan con el caudal en movimiento del amor, para que podamos ayudar a otros. ¿Quién podría haber pensado en darnos semejante gozo, sino Aquel cuyo nombre es Amor?

Y a Aquel que es poderoso para hacer todas las cosas mucho más abundantemente de lo que pedimos o entendemos, según el poder que actúa en nosotros, a Él sea gloria...

7

erminemos escuchando unas palabras muy sencillas, pues nuestro Señor habla de esta manera. Él nos dice:

"Confía en mí, hijo mío. Confía en mí con un corazón más humilde y una entrega más plena a mi voluntad, como nunca antes lo hiciste. Confía en que derramaré mi amor a través de ti, así como confías en que un minuto va después de otro. Y si te enteras de cualquier cosa que interrumpe su fluir, no hieras mi amor alejándote de mí, desanimado. No hay nada que pueda herir tanto al amor. Acércate lo más que puedas, ven, refúgiate en mí para esconderte, incluso de ti mismo. Cuéntame el problema. Confía en que volveré mi mano sobre ti para quitar por completo esa gran piedra que ha obstaculizado el lecho de tu río, y para limpiar todos los sedimentos de arena que han obstruido su cauce. No te dejaré hasta que haya realizado lo que te he dicho. Cumpliré mi propósito en ti. ¡No temas, oh, hijo de mi amor! ¡No temas!"

Si yo...

Y ahora… reunámoslo todo en una página:

Amado, amemos.

Señor, ¿qué es el amor?

El amor es lo que inspiró mi vida y me llevó hasta mi cruz y me mantuvo en mi cruz. El amor es lo que hará que tu gozo sea dar la vida por tus hermanos.

Señor, para siempre dame este amor.

Bienaventurados los que tienen hambre y sed de amor, porque serán saciados.

Amén, Señor Jesús.